LEER RAU
Rau Dana
Una veterinaria

DATE DUE

APR 1 4 2009		
AUG 1 1 2009		
JUL 1 8 2012		
FEB 2 1 2015		
APR 0 2 2015		
MAY 1 2 2015		
GAYLORD		PRINTED IN U.S.A.

Una veterinaria

por **Dana Meachen Rau**

Asesora de lectura: Nanci R. Vargus, Dra. en Ed.

Marshall Cavendish
Benchmark
New York

Palabras en imágenes

 animales

 ave

 caballo

 conejo

 gato

 hurón

 perro

 tortuga

 veterinaria

Una examina
a los .

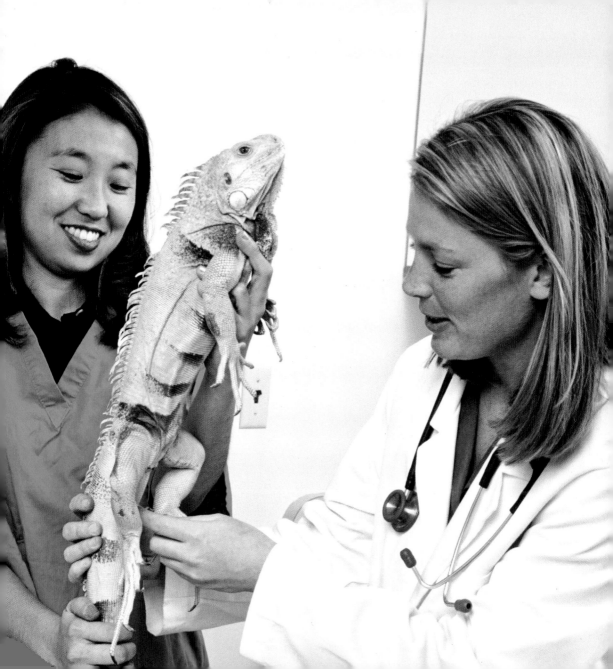

Una le examina la oreja a un .

Una le examina
el ojo a un .

Una le examina el corazón a un .

Una le examina los dientes a un .

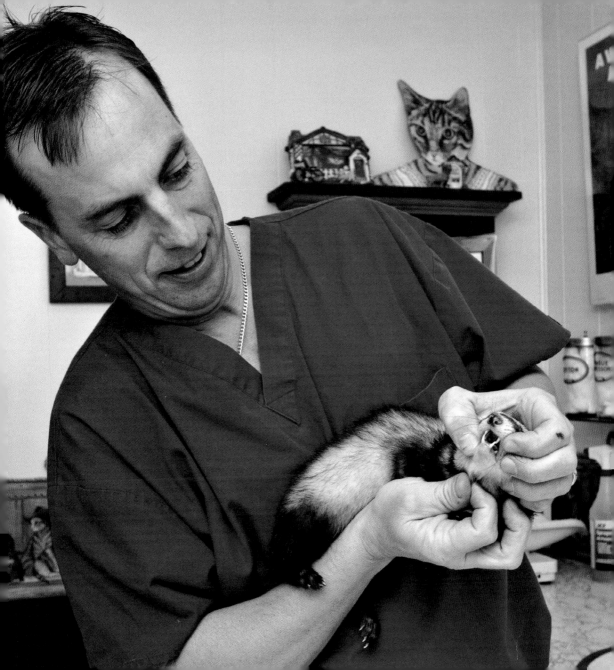

Una le examina
las alas a un .

14

Una le examina el
caparazón a una .

Una le examina la pata a un .

Una mantiene
sanos a los .

Aprende estas palabras

examina
   mira

sano
   tener buena salud

corazón
   el órgano que bombea sangre por
   el cuerpo

Entérate de más

Libros

Huneck, Stephen. *Sally Goes to the Vet*. New York: Harry
    N. Abrams, 2004.
Kalman, Bobbie. *Veterinarians Help Keep Animals Healthy*.
    New York: Crabtree Publishing Company, 2004.
Owen, Ann. *Caring for Your Pets: A Book About Veterinarians*.
    Minneapolis, MN: Picture Window Books, 2003.

Videos

Amazing Animal Pets. New York: DK Vision.

Sitios Web

American Veterinary Medical Association: Kids Corner
www.avma.org/careforanimals/kidscorner
**Washington State University College of Veterinary
Medicine: People-Pet Partnership Program**
www.vetmed.wsu.edu/depts-pppp/child.asp

Sobre la autora

Dana Meachen Rau es escritora, editora e ilustradora. Graduada del Trinity College de Hartford, Connecticut, ha escrito más de doscientos libros para niños, entre ellos, libros de ficción histórica y de no ficción, biografías y libros de lectura para principiantes. Vive con su familia y un pez en Burlington, Connecticut.

Sobre la asesora de lectura

Nanci R. Vargus, Dra. en Ed., quiere que todos los niños disfruten de la lectura. Antes era maestra de primer grado. Ahora trabaja en la Universidad de Indianápolis. Nanci ayuda a los jóvenes a prepararse para ser profesores. A Cosmos, su perro, le gusta ir al veterinario.

Marshall Cavendish Benchmark
99 White Plains Road
Tarrytown, NY 10591-9001
www.marshallcavendish.us

All Internet addresses were correct at the time of printing.

Library of Congress Cataloging-in-Publication Data

Rau, Dana Meachen, 1971–
[Veterinarian. Spanish]
Una veterinaria / por Dana Meachen Rau.
p. cm. – (Benchmark rebus. Trabajos en pueblos y ciudades)
Includes bibliographical references.
ISBN 978-0-7614-2787-2 – ISBN 978-0-7614-2622-6 (English ed.)
1. Veterinarians–Juvenile literature. 2. Animals–Juvenile literature.
I. Title.
SF756.R3818 2008
636.089–dc22
2007017388

Spanish Translation and Text Composition by Victory Productions, Inc.

Photo research by Connie Gardner

Rebus images, with the exception of ferret, provided courtesy of *Dorling Kindersley*.

Cover photo by LWA-JDC/CORBIS

The photographs in this book are used with permission and through the courtesy of:
Corbis: p. 2 Jeff Vangua (ferret); *Getty*: p. 5 Kaz Mori/Image Bank; *Corbis*: p. 7 Larry Williams; p. 15 Pierre Vauthey; *Alamy*: p. 9 Maija Kasaio; p. 19 tbk media de; *PhotoEdit*: p. 11 Cindy Charles; p. 13 Joel Ralfkin; p. 21 Amy Etra; *Image Works*: p. 17 Alan Carey.

Printed in Malaysia
1 3 5 6 4 2